I0405737

www.ingramcontent.com/pod-product-compliance
Lightning Source LLC
Chambersburg PA
CBHW021830170526
45157CB00007B/2748
* 9 7 8 1 0 7 8 3 1 1 3 3 5 *